어쩌다 시간 여행

어쩌다 시간여행

시인수첩 시인선 078

박남희 시집

여우난골

| 시인의 말 |

나는 지금 어디쯤에 있을까
시간과 공간 개념이 아닌
어디에 또 다른 좌표가 있을 것도 같은데
그 좌표 가운데의 나는 어떤 모습일까
그러고 보니 나는 너무 다르고 너무 많다
시를 쓰는 일은
너무 다르고 너무 많은 나를 발견하는 일이다
그러고 보니
영문도 모르는 언어에게 참으로 미안해진다

| 차례 |

시인의 말·5

1부

기린의 법칙·15

어쩌다 시간 여행·16

룩북·18

광주와의 게임·20

야채의 시간·22

죽은 새를 바라보는 여름·24

낮달·25

생일·28

저녁에게는·30

묵은 수수께끼를 풀듯·32

루주와 인주 사이·34

덩굴손·36

양식 · 37

왜 그랬을까 · 40

모지랑이 · 42

2부

둥지 · 47

저녁의 맛 · 48

봄을 늦게 하는 법 · 50

비만이 웃는다 · 52

마음의 거리 · 54

잉크 · 56

밀서 · 58

극지의 말 · 60

어름사니 · 62

유리창의 심리학 · 64

다이빙 · 66

고이고 드나들다 · 68

버스킹 · 70

허공 다이어트 · 72

그림자놀이 · 74

3부

감정의 대륙 · 79

실패 잔치 · 82

버뮤다는 범유다 · 84

점심(點心) · 87

아도니스의 정원 · 90

불멍 · 92

불멍 이후 · 94

절경이 된다는 것 · 96

갈대가 붓을 들어 · 98

혼자만의 약속 · 100

꼬리로 말하기 · 102

저지레 · 104

형용사처럼 · 106

촉의 발달사 · 107

언캐니 밸리 · 110

4부

못대가리가 되어 잠시 · 115

색의 거짓말 · 116

시리야! · 118

집현전은 없다 · 120

시인할 수 없는 것들 · 122

내 안의 새 · 124

오로라 · 126

물이 짖을 때 · 128

얼음의 연대기 · 130

머나먼 꼭짓점 · 132

끈의 사춘기 · 134

호더스증후군 · 136

온전한 반쪽 · 138

안녕, 눈사람 · 140

천국보다 낯선 · 141

해설 | 고봉준(문학평론가)
아토포스, 혹은 무위의 시학·143

1부

기린의 법칙

 질문이 기린을 낳고 대답은 점점 키가 자란다 다리가 긴 대답이 어디론가 성큼성큼 걸어간다 눈이 쳐다보는 곳을 발은 모른다 발이 눈에게 질문한다 너는 어떤 물음표냐고 눈이 발에게 대답한다 우리는 서로 관심사가 다르다고 그게 기린의 법칙이라고,

 기린의 목과 발이 길어진 것을 기린의 법칙으로 다 설명할 순 없다 그래서 질문이 물을 마실 때는 대답이 다리를 벌려 주어야 한다 높은 산에 크레바스가 많은 것도 다 이유가 있다 성큼성큼 시간의 발이 보이지 않는 것도 시간의 목이 너무 길기 때문만은 아니다

 그러므로 기린은 이유 없이 법칙을 만들지 않는다 기린의 키에는 이유가 없다 세상을 향한 물음이 너무 긴 것과도 상관이 없다 다만 어떤 질문도 대답도 자신도 모르는 사이에 키가 자라고 한순간 우연한 한 쌍이 되어 어디론가 성큼성큼 걸어갈 뿐이다

어쩌다 시간 여행

내가 너에게 가기까지가 시간이다
너는 감자, 어쩌다 무지개
그러다 바람, 이럴 땐 적당히 꽃이라고 해두자

네가 나를 규정하지 않았으므로
나는 나를 모른다
그러므로 네가 내게 오기까지가 시간이다

나는 날마다 너를 찾아 시간 여행을 떠난다

나는 여행을 떠나면서 누군지도 모르는 너에게
소크라테스를 사랑하는 자들이
소크라테스에게 붙여준 이름을 붙여준다

아토포스,
아마도 이것은 너의 이름이 아닐지도 모른다
내가 너에게 가는 길을 알지 못하므로,

도처에 길이 너무 많다
아무 길이나 들어서서 너를 찾다가
깜박, 나를 잊는다

시간 여행을 하면 할수록
시간의 한가운데가 비어 있다는 걸 알았다
그 안에
생각이 없어서 아름다운 것들이 있다는 것도 알았다

빈 것이 아름다운 것이라는 진리가 나를 깨웠다
빈 꽃병이 꽃을 유혹하듯
그 빈자리가 나를 꽃피게 했다는 길 알았다

룩북

봄은 겨울을 벗고 여름을 입고
누에는 고치를 벗고 날개를 입는다

그러므로 벗자

시냇물이여, 강물에 이르면 얇은 옷을 벗고
흘러 흘러 바다에 이르면 속옷마저 모두 벗어버리자

그리하여 먼 수평선을 악보로 만드는 몸의 춤을 입자
춤은 멀어진 것들을 끌어당기는 힘,

낮에는 마음속 깊이 잔잔해지는 달의 옷을 입고
밤에는 대지를 뜨겁게 달구는 해의 옷을 입자

벌써 나를 잊은 그대여
망각을 벗자 그리고 망각을 입자
뱀이 허물을 벗으면
어엿한 한 벌의 망각이 홀로 빛날 수 있다

몸은 몸을 위한 것, 그리고 옷은 옷을 위한 것
옷을 벗으면 몸이 빛나고
몸을 벗으면 옷이 남아서 오롯한 한 벌을 이루는 것

그러므로 벗자, 그리고 입자
뜨거운 여름을 벗고 선선한 가을을 입자

나를 잊은 그대가 아주 잊혀져
붉은 단풍이 제 몸의 흔적을 지우며 떨어져 내려
구르고 구르다가
얇디얇은 바람의 옷을 입을 때까시

광주와의 게임

 광주는 숲, 광주는 최루탄, 광주는 사랑하는 내 친구, 광주는 아무도 손댈 수 없는 그냥 광주, 광주와 게임을 하자 광주도 모르게 광주에게 빛의 말을 선물하자

 게임은 풍선이나 구름, 게임은 싸움이나 사랑, 게임은 아무도 모르는 어떤 것, 그러나 돌아서지 말자 게임에서 이기고 지는 것은 무의미해 게임은 그냥 묵묵히 나를 지우는 것

 숲이 풍선을 불어서 구름을 만들거나 최루탄 연기로 싸움을 지연시키거나 맹목을 개미처럼 사랑하거나 아무것도 손댈 수 없어서 모른다고 하거나, 그 어떤 일이 일어나도 놀라지 말자 이것은 어디까지나 게임이니까

 내가 그녀를 광주라고 부르기 시작한 건 그녀의 눈빛이 빛나는 구슬 같았기 때문이야 그녀의 눈빛이 무얼 말하는지는 몰랐지만 그녀는 내게 숲이었고 최루탄이었고 다가올 빛의 주인이었어

놀랍게도 어느 날 광주가 나를 부르고 있었어 나를 사랑하는 걸까 어떤 고백이 빛 뒤에 숨어 있을까 두근거리는 마음으로 그녀 모르게 그녀를 만났어 내가 나와 하는 게임이 이런 걸까 긴장감이 감돌았어

광주와 게임을 하자 광주도 모르게 광주를 빛나게 게임을 하자, 광주는 아무도 손댈 수 없는 그냥 광주, 광주는 사랑하는 내 친구, 광주는 최루탄, 광주는 빛을 삼킨 숲,

아무도 함부로 지워버리거나 말할 수 없는, 내가 사랑한 기억

야채의 시간

동물성에 섞이는 식물성을 야채라고 불러볼까
평소에 야채들은 조용하지만
그 조용함 속에 분주한 소란이 들어 있어
소란이 동물성을 끌어당기는 순간
상추에 싸인 삼겹살처럼 소리가 감미로워지지
야채들이 종종 양배추처럼 두꺼워지거나
깻잎처럼 독특한 냄새를 갖게 되는 건
어딘가 마음이 불편하기 때문이지
그러므로 야채들에게도 휴식이 필요해
하지만 야채의 마음은 야채만이 알 수 있어
세상의 동물들은 살아있는 동안 끝없이 꿈틀대다가
식물성에 섞이는 순간 순해지지
그런 걸 동물들은 야채의 시간이라고 불러
마블링을 자랑하던 한우가 상추를 만나는 시간 같은 거지
그 시간은 다른 누군가에겐 입에서 침이 고이는 시간이지
야채의 시간의 묘미는 동물성과 식물성이 섞인다는 데

있어
 동물성이 식물성을 접하고 식물성이 동물성을 탐하는
 야채의 시간에는 방이 필요하지
 침이 무언가를 변화시키고 있는 방은 늘 달콤해
 이럴 때 야채들은 자신의 몸에 동물성을 입혀줄
 무끈한 소의 울음을 찾게 되지
 비로소 야성의 채소가 되새김질을 알게 된 거지
 세상의 도처에는 반추하는 위가 있어서
 푸르고 싱싱하던 것들에게 잃었던 워낭 소리를 돌려주지
 이제 비로소 식물성에 섞이는 동물성도 야채라고 부
를 수 있어
 밀하자면 동충하초 같은 것이지
 산자락에서 무심코 발견한 동충하초를 가만히 살펴보면
 그 안에서 야채가 자란 흔적이 보이지
 그러므로 야채의 시간은 동물도 식물도 아닌
 그 어떤 시간이야
 언제인지도 모를 시간 속을 꿈틀거리다 끝내
 한 뿌리의 혀로 남아있는,

죽은 새를 바라보는 여름

 내 앞에 죽은 새가 하나 놓여 있다 나는 여름이다 죽은 새를 바라보고 있다 내 눈은 뜨겁고도 불온하다 수시로 부패를 꿈꾼다 썩기 위해, 썩어서 냄새의 날개를 펼치기 위해, 썩은 냄새로 날개가 버린 공중에게 새롭게 말을 걸기 위해, 썩은 냄새로 말하기 위해, 개미처럼 들끓는 말의 미래를 창조하기 위해, 내 몸은 점점 뜨거워진다

 죽은 새가 꿈틀거린다 부패의 힘으로 냄새는 점점 가벼워진다 나는 봄을 버린 여름이다 봄을 기억하지 않기 위해 죽은 새를 바라본다 그러면 내 눈은 더욱 더 불온해진다 나는 가을과 겨울을 한꺼번에 껴입은 여름이다 그래서 죽은 새가 필요하다 죽은 새를 꿈틀거리게 하는 일이 중요하다

 당신들은 지금 이상한 여름을 바라보고 있다 가을과 겨울을 한꺼번에 껴입고 죽은 새의 죽음을 거부하고 있는,

낮달

기억의 반대쪽으로 나를 버려줘
기억이 나를 아주 잊어버리게

희미한 게 나는 좋아
빛으로 빛을 지우는 법을 알고부터
희미한 게 좋아졌어

어둠에 들어서야 내가 밝아지는
알 수 없는 나의 정체성을 더 이상 견딜 수 없었어

밝은 빛으로 나를 지우지만
아주 지워질 수 없는 내가 남아있다는 것이
난 너무 좋아

어둠의 눈으로 보든 빛의 눈으로 보든
나는 나니까
내 곁에 눈이 밝은 새 한 마리 띄워 놓아도
나는 두렵지 않아

난 이미 광활한 우주 속에서 아주 밝은 빛을
견디고 살아남은 어둠의 사생아이니까

눈부신 빛들을 내 주위에서 지우고
그곳에 다시 짙은 어둠을 깔아놓아도
내가 그곳에서 밝게 빛나는 것이
내 몫이 아닌 것을 이미 난 알아

빛에서든 어둠에서든 희미하든 또렷하든
변할 수 없는 것은
어떤 손이 나를 붙들고 있다는 사실이야

빛으로부터 탈출해 어둠에 들었던 나를
또다시 빛의 손으로 잡아당기는
이유를 알 수 없는 저 손의 아이러니가 궁금해
내 모습은 비록 희미해도 지금 내 몸에는
보헤미안 랩소디가 흐르고 있어

프레디가 죽어서도 목청껏 부르던
저 공중의 노래

바람이 어디를 향하건, 그건 내게 아무 상관이 없어*
외로울 땐 빛의 반대쪽으로 나를 버려줘
어둠이 나를 아주 잊을 수 없게

---

* 퀸의 리드보컬 프레디 머큐리가 부른 노래 〈보헤미안 랩소디〉의 가사 "Any way the wind blows doesn't really matter to me"를 인용.

생일

매달리는 것이다
그리고 떼어내는 것이다
흔적만 남는 것이다
잊는 것이다

태어난 날은 하루가 아니다
꽃나무는 수없이 많은 꽃을 벙근다
어느 날을 꽃의 생일이라고 말할 수 있을까

생일을 생각하는 꽃은 생일을 버린다
그리고 툭,
뛰어내릴 준비를 한다
뛰어내리는 것도 생일의 신호이다

뛰어내릴 때마다 새것이 태어난다
붙어 있던 곳과 떨어져 내린 곳이
서로를 바라보고 까닭없이 웃는다
생일의 의미를 아는 모양이다

생일은,
나를 잊는 것이다
꽃의 흔적만 남는 것이다
그리고 바람을 떼어내는 것이다
허공에 매달리는 것이다

그리고 다시 어디론가 뛰어내리는 것이다

저녁에게는

　저녁에게는 말을 아끼자 그 대신 빛을 풀어놓자 내 안에 꽁꽁 묶여 있던 빛, 어둠이라고 말을 할 수도 없고 달이나 해를 떠올릴 수도 없는, 어떤 말의 모습을 한 저녁에게는 넓은 백지를 하나 던져주자 그러면 백지의 옷을 입고 수많은 빛을 퉁겨내겠지 퉁겨낸 빛이 어떤 말을 하겠지

　저녁에게는 한 번쯤 울어주자 그 대신 사소한 질문은 하지 말자 저녁이 저녁답게 어두워지도록 그냥 내버려두자 저녁을 향해 뒷산의 갈대들을 조금씩 흔들어주자 갈대를 흔들어 붉게 충혈된 산자락의 눈시울을 달래주자

　저녁에게는 한밤중이나 새벽을 물어보지 말자 새벽이 감추어둔 것들의 일기장을 궁금해하지 말자 저녁 하늘을 날아갈 새들의 행방을 미리 예측하지 말자 저녁이 그냥 저녁의 보폭으로 은은하게 걸어갈 수 있도록 하늘에 징검다리 별빛 몇 개 놓아두자

그리고 세상의 모든 불빛에게 스스럼없이 제 몸을 내어주는 저녁에게는 더 이상 도처에서 깜박이는 불빛의 주소를 묻지 말자 그 불빛들이 무슨 말을 하려는지 궁금해하지 말자

묵은 수수께끼를 풀듯

물이 불에게 말하는 사이에
꽃이 피었다
물도 불도 모르게
물불을 가리지 않고 꽃이 피었다

그 꽃은
불인 듯 타올랐지만
그때마다 물의 말로 중얼거렸다

꽃이 화상을 입지 않는 비결은
물과 불 사이의 거리를 알고
자신을 그 거리의 색으로
기꺼이 물들이는 것이다

불이 물에게 말하는 사이에
꽃이 졌다
물과 불 사이의 팽팽했던 거리가
그 긴장감이, 한순간 한 송이로

뚝, 떨어졌다
흙이 말을 하기 시작한 것이다

허공의 공기는 더욱 가벼워지고
불이 물에게, 물이 불에게
미처 말하지 못한 것들을 드디어
묵은 수수께끼를 풀듯
흙이 말하기 시작한 것이다

루주와 인주 사이

아내는 입술에 루주를 바른 후
종이에 키스마크를 찍는다
나는 지장을 찍은 후 종이에 분홍 물결을 만든다
서로가 다른 성질의 꽃이다

빨간 것은 죄가 없다
입술과 손가락은 모두 몸의 기표일 뿐이다

루주는 어쩌면 여성의 우주
인주는 늘 그 안쪽에 있다
내가 그녀를 이길 수 없는 이유다

루주는 무언가를 흔들어 놓는다
인주는 흔들리는 것을 바로 잡으려 애를 쓴다
그 사이에 늘 불안한 분홍이 있다

꽃은 입술과 손가락 사이를 옮겨 다니며
자신의 계절을 알린다

붉은 계절은 피어나거나 번진다

꽃피는 계절에게는 죄가 없다
무엇을 흔들거나 번지는 일은 죄가 아니다
다만 그 사이로 물이 흐르고 새소리가
번질 뿐이다

덩굴손

이파리 저쪽에 그녀가 있었다

그녀를 향해 나아갈수록

수많은 이파리들이 피어나는 것이 좋아

주어도 없이 그녀를 사랑했다

목적어도 없이 그녀를 사랑했다

동사만 남았다

양식[*]

예로부터 양식은 고통의 서사이다
역사는 양식 없는 사람들의 역사이고
예술은 양식의 부정에서 새로운 길을 찾았다

아내는 식탐이 있는 나를 전직남이라고 부른다
전쟁 직후에 태어난 남자
양식이 없어 삶의 양식을 모르던 시절
그때는 배고픔이 양식이었다

요즘은 서양식이 동양식이 되고
동양식이 서양식이 되는
퓨전이 양식화되어 전통 위에 군림한다
그래서 양식은 늘 고통스럽다

세상의 모든 양식은 컴퓨터로 수렴되고
모든 새로운 양식이 컴퓨터에서 나온다
컴퓨터는 세상을 양식화하고
어느새 컴퓨터는 세상의 일용할 양식이 되었다

웹디자이너인 딸은 날마다 컴퓨터 속으로 출근한다
딸에게는 디자인이 양식이다
양식을 수정하고 양식과 대화를 한다
종종 양식에게 퇴짜를 맞기도 한다

아내는 날마다 부엌에서 양식을 양식화한다
아내는 가끔 양식으로부터 탈출하기 위해
외식을 외친다
외식하지 말라는 성경 말씀도 모르는 모양이다

나는 참 양식도 없이
하루 세 끼 삼식이가 되어 양식을 축낸다
그러다 아내가 새로운 언어로 양식화한 메굴남이 되어
식탁 아래로 메추리알을 굴린다

예로부터 양식은 고통의 서사이다

* 양식 속에 침전되는 전통과의 대결 말고는 달리 고통을 위한 표현을 발견할 길이 예술에는 없다.(아도르노, 호르크하이머, 『계몽의 변증법』)

왜 그랬을까

신은 붉은 끈 팽팽해지는 새벽 수평선에
빨래 대신 새를 널어두셨네

왜 그랬을까
왜 그랬을까

바다 깊숙이 물을 끌어올려 이상한 빨랫줄을 만들어
놓고
왜 그랬을까

그 빨랫줄은 말리는 빨랫줄이 아니라
말라 있는 것들을 다시 촉촉이 적시는 빨랫줄이라는
것을
새에게 알려주려 했을까

전깃줄에 제비들이 모여 앉아
더욱 생생하고 왁자한 줄을 만들 듯
그녀의 수평선을 확대해 보면

그 위에 수많은 새들이 재잘거리며 살고 있다는 것을
그녀는 왜 미리 깨닫지 못했을까

물이 새이고 새가 물이 되는 은유의 빨랫줄에
새벽마다 붉은 하루가 열려
공중으로 둥둥 떠오르던 이유를
그녀의 몸에서 재잘거리던 새들은 왜
진작 말해주지 않았을까

왜 그랬을까

모지랑이

사람들은 배운 것이 짧고 늙수그레한 그를
모지랑이라고 불렀다
그는 매일 아침 싸리나무 빗자루로 마당을 쓸었다

마모될수록 더욱 단단해지는 것들이 있다
마당을 오래 쓸어 몽당연필처럼 된 빗자루가
드디어 마당에 글을 쓰기 시작했다

아무도 쉽게 해독할 수 없는 저만의 글을
아주 확실하고 자신 있게 마당에 썼다

부드럽던 빗자루 끝이 다 닳아서
낙엽이나 검불을 쓰는 대신
그동안 무수히 휘어지고 닳아지던
자신의 마음을 표현하기 시작한 것이다

그동안 빗자루 끝에서 무수히 닳아 없어진 그가
온몸으로 허공의 말을 배우고

짧아서 더욱 단단한
자신만의 시를 쓰기 시작한 것이다

2부

둥지

기르는 것이 아니다
자유롭게 날려 보내는 것이다
그리고 잊는 것이다

오래지 않아 애써
예감 하나 낳아놓는 것이다
그 안에 날개를 숨기는 것이다

우주를 껍질로 만들 준비를 하는 것이다
껍질의 발성법을 터득하는 것이다

누군가 내 안에 던져 놓은 지 알은,

저녁의 맛

 노을 속에서 저녁을 더듬어 찾았다 저녁이 없었다 그 대신 어둑한 고양이 같은 걱정이 웅크리고 있었다 걱정이 저녁일지 모른다는 생각이 들었다 저녁이 되면 어둠이 뻑뻑한데 왠지 노을은 달콤했다 신기한 저녁의 맛이라고 했다 노을이 어둠에 쏟아놓은 것들이 이렇게 달콤한 맛을 내는 줄은 몰랐다

 어디선가 고양이 울음소리가 들렸다 노을 냄새를 아는 고양이라고 했다 노을 주변에는 어둠이 엷어져 있었다 고양이의 짓이라고 했다 어둠을 훔쳐 먹는 일이 노을을 키우는 일이라는 것을 고양이는 아는지 냄새는 밤마다 분주했다

 노을이 제일 두려워하는 것이 저녁의 맛을 누설하는 일이라는 것을 처음 알았다 그동안 아무도 저녁의 맛을 이야기해 주지 않았으므로 노을 근처에서 저물 줄만 알았다 저물면서 그림자가 길어질 때면 고양이 소리가 들렸다 고양이는 노을 속에서 쥐 대신 저녁을 뒤적이고 있

었다 저녁은 쥐처럼 숨을 구멍이 없다 구멍이 누설한 비밀의 맛, 고양이의 탈을 쓴 걱정은 그 맛을 너무 잘 안다

봄을 늦게 하는 법

봄은 잘 늙지 않는다
그 이유는 잘 모른다

햇빛은 넌지시 가을에게
봄이 늙지 않는 이유를 알려준다
잘 들키지 않기 때문이란다

여름, 가을, 겨울의 몸에 숨어서
봄은 여전히 푸르다

가을 단풍이나 겨울의 눈발이 말하려는 것도
가을이나 겨울이 아니라 봄이다

가을이나 겨울의 발자국 속에는
어딘가로 향한 뒷걸음의 흔적이 있다
뒷걸음 쪽에는 늘 봄이 있다

그러므로 봄을 늦게 하기 위해서는

가을과 겨울을 먼저 늙게 해야 한다

가을과 겨울의 끝에 봄이 있다는 사실을
모르게 해야 한다
제비는 강남에만 있는 것이라고
철모르는 뒷걸음에게 넌지시 일러주어야 한다

그런 다음 일찌감치 항복해야 한다
제 나이를 전혀 생각하고 있지도 않은
봄에게,

비만이 웃는다

비만이 웃는다 비로소 살의 웃음을 보여주었다
느리게 살살 안전한 세상,

살로 말하고 살로 웃는 법을 알겠다

그런데 아내는 내 뱃살을 빼겠다고 간헐적 단식을 명령했다
아침은 굶기고 점심과 저녁만 먹이는 얄미운 계략
나는 기꺼이 복종했고, 비만은 웃는다

넉넉함이 점점 저렴해지는 세상을 위해 이미
간헐적 단식을 시작한 지 오래인데
비만은 자꾸만 웃는다

내 시도 수년째 비만을 줄이려고 단식을 시작했는데
비만이 자꾸만 웃는다

무슨 말을 하려고?

일기는 늘 불순하고 미세먼지는 여전히 단식을 모른다
살인지 뼈인지, 미세먼지인지 안개인지
알아 맞춰보라는 듯,
신종 코로나바이러스는 비만을 자랑하고
거리에 창궐한 마스크를 향하여 비만이 웃는다

비만은 감추어진 뱃살이 무기다
점점 옷이 풍부해진다
타이트한 옷보다 풍부한 옷이 더 잘 웃는다

아내 몰래 감추어 둔 간식이 웃는다
간헐적으로 웃는다

마음의 거리

흘러내리는 것은 흘러내리게 그냥 둔다
잠시 노을이라고 생각했다가 눈물이라고 생각했다가
폭포라고 생각했다가 꽃이라고 생각했다가
분주한 것들은 분주한대로 그냥 둔다
이곳은 마음의 거리이므로,

무엇이면 어떠랴
잠시 글썽이며 중력이 보여주는 마술
꽃이 그랬다, 잠시 허리가 휘었다

닥쳐올 이별이래도
구름이 흘러내리면 비가 된다
비는 지상이 숨겨놓은 모든 싹들을
불온한 손으로 적발한다,
적발해서 위태로운 쪽으로 풀어놓는다

그리움도 이왕이면 강이 되거라
철없이 지느러미를 거슬러 오르는 강

한때 내 사춘기도 이곳으로 흘러내린 적이 있다
까만 머리 깃 분홍 볼을 타고
어디론가 까닭 없이 뛰어가던 햇빛을 본 적이 있다
그러다 종종 구름이 되고 바람이 되었다
이곳에는 늘 햇빛이 눈부셨으므로

나는 또 어느새 너를 생각하며 이곳에 와 있다
오래 붙잡혀 있던 마음 하나 놓아주려
가만히 들꽃을 만진다 새를 풀어놓는다
너는 내게 너무 눈부셨으므로,

네가 없는 그곳으로
반짝이며 강이 흘러간 적이 있다

잉크

 잉크는 강이다 이따금씩 아름다운 산이나 들판을 끼고 휘어져 흐르거나 거대한 모래 산을 만나 미세하게 갈라져 흐르기도 하지만 그런 것들의 세목에 집착하지 않는다 잉크의 심연에는 이름을 알 수 없는 수많은 물고기들과 돌들과 수초들이 어우러져 춤을 추고 있다 잉크는 가끔씩 그것들의 이름을 자유롭게 부른다

 잉크는 건너야 할 강이다 배를 타고 건너거나 수영을 하거나 다리를 놓아 건너는 방식으로는 건널 수 없는 강이다 잉크는 눈 깜짝할 사이에도 건널 수 있지만 평생을 걸려도 건널 수 없는 난해한 강이다 잉크는 날개로도 건널 수 있고 빛으로도 건널 수 있다 물론 어둠으로도 건널 수 있다 그런데 건널 수 있고 없고는 주체의 찰나가 결정한다

 내가 너를 함부로 건널 수 없고 네가 나를 함부로 건널 수 없듯이 잉크도 그렇다 잉크를 건널 수 있는 방식은 관계이다 새의 날개가 좌우 양쪽에 있는 것은 관계

때문이다 빛과 어둠도 수많은 것들과 관계되어 있다 관계가 부력을 낳고 속도를 결정한다 그것이 명확한 것인지 은밀한 것인지를 결정하는 건 빛과 어둠의 몫이다

 잉크는 건너지 않아도 되는 강이다 그냥 신비한 관계 속에 들어 출렁이면 족한 강이다 그래서 잉크는 마르지 않는 강이다

밀서

새소리를 들으면서 구름을 본다
구름이 숨겨놓은 말
버려지며 낡아가며 편지가 되던 것들
제 몸의 중력을
남몰래 읽던 눈, 눈이 내린다

새소리는 새의 소리가 아니에요
구름을 들추다 보면 어떤 꽃이 피나요?
구름이 자신에게 무어라고 자꾸 중얼거리고
중얼거리며 편지가 되는 것들

남몰래 들추어 보는 손, 손이 없는 날
당신도 없고

더 이상 나를 부르지 마세요
나를 편지라고 부르지 마세요
그동안 나를 읽으며 가던 것들을
더 이상 바람이라고 말하지 마세요

내 안의 바람 쪽으로 느리게 내려오던 것들
내려와 글썽이던 것들

그동안 누구나 읽었지만
아무도 읽을 수 없었던 것들

이 편지를 당신에게 드릴게요

극지의 말

내 몸의 어딘가 극지가 만져진다
백야라고 했던가
스러지는 빛을 만질 수 있는 것은 어떤 어둠일까

낮도 아니고 밤도 아닌 것 같은 세계
황혼의 옷을 입고도 푸르게 속삭이는
방언처럼,
저녁 어스름을 빛으로 말하는
극지의 낯선 지문을 읽는다

나를 버리고 나를 만나는 곳
나를 떠난 빛은 왜 끝내 극한 쪽으로 몰려가는지
쓸모없는 것들은 공중에서 아름답다

집이 없어도 모든 것이 집이 되는
어떤 침묵의 세계,
환상과 환멸은 이곳에서 한 식구다

떠나보낼 것 모두 떠나보내고
저 혼자 남아 금이 가는 어둠

낮과 밤의 경계를 지우는 일이
몸의 안팎을 가르는 일만큼 어렵다

극광은 밤의 지우개를 흉내 낼 뿐
실상 아무것도 지우지 못한다

내 몸이 아주 지운 줄 알았던 것들이
내 몸에서 여전히 환하다

아픈 빛이 스스로 서식한다는 말은
극지에만 있는 말이 아니다

어름사니*

위험한 노래 위를 걷다 보면 너를 만날까
네 뒤에 숨어 출렁이는 기억을 만날까
너의 그림자를 만날까

반짝이는 아침 햇살을 타고 오르는 거미처럼
바람이 두고 온 길을 걷다 보면
뜻밖에도 지워진 기억을 만날까

노을 위를 걷다 보면 나를 만날까
얽히고설킨 노을 밖의 길을 만날까
길이 놓친 달빛을 만날까
달빛이 버린 꽃을 만날까

기다리고 기다려도 아무도 오지 않는데
기억의 들판이 자꾸 낯선 길을 새로 만들고
기억이 버린 것들이 무심히 너를 기다리는데
네가 떠나보낸 나를 기다리는데

구름아
바람 위를 걷다 보면 너를 만날까
너와 함께 무심히 흘러온 나를 만날까

출렁이는 밧줄이 붙잡고 있는 바람을 따라
아득한 벼랑 위를 걷다 보면,

* 남사당패에서 줄을 타는 사람 가운데 우두머리.

유리창의 심리학

깨지고 싶지 않은 유리창은 없다

유리가 창틀을 붙잡고 있는 건
깨어지지 않으려는 것이 아니다
삼손이 자신을 지탱하던 마지막 기둥을 허물어
장렬하게 전사했듯이

유리에는 늘
제 몸을 부수려는 욕망이 숨어 있다
부서진 유리는 천 개의 눈을 갖는다
천 개의 세상을 다르게 보고 싶은 것이다

유리는 세상의 수많은 창틀이 붙잡고 있던
무관심과 안일과 위선을 버리고
제 안에 감추어둔 목소리를 꺼내어
쨍그랑,
관습의 오랜 잠을 깨우고 싶은 것이다

유리창은 깨어지고 싶은 날
눈 먼 새를 부르며 자유로운 길의 기운을 느낀다
자신을 향하여 전속력으로 달려오는 새에게
날개를 버리고 바람이 되라고 주문을 외운다

유리창은 자신의 몸을 불사르며 대기권으로 뛰어드는
별똥별처럼, 불안한 허공에 한 획을 그어
스스로 반짝이는 목소리를 얻고 싶은 것이다

다이빙

그땐
바닥의 깊이보다 허공의 높이가
무서웠지 물의 아가리보다
바람의 살결이 더 아찔했지

세상을 거꾸로 읽으려고
내 머리가 붓이 된 것은 아니었어

그냥 그곳에 물이 있었어
허공은 발 디딘 곳마다 위태로웠지

새가 될 수 없다는 것을 알았을 때
날개를 버렸지

날개 없는 새의 포즈를 취했을 때
비로소 머리보다 가슴이 가벼워졌지

바닥이 물로 보이는 것이

얼마나 위험한 것인 줄 그땐 몰랐지

'첨벙'

누군가 온몸으로 고백을 했지
그 순간 높이가 깊이를 온몸으로 이해했지

거꾸로 된 세상을 기꺼이 보듬으며
물이 말하기 시작했지

고이고 드나들다

호수를 말하는 것이 아니다
구름을 말하는 게 아니다
활화산을 말하는 것이 아니다

너를 말하는 것이다
너의 눈을 말하는 것이다
네 눈에 비친 나를 말하는 것이다

만물은 너를 향해 말하고
너는 대답 대신
고이고 드나든다
나를 향해 질문을 한 것이다

나를 향해 질문하는 것들은 모두 너다
고이고 드나든다
가령 내 안의 태풍 같은 것도 그렇다
비와 함께 오래 고이다가
바람과 함께 드나들다가

나를 향해 끊임없이 질문을 한다

그 대답은 사랑이나 이별같이 단순하지 않다
그리하여 나는 자주 망설인다
나는 대답 대신
스스로 고이고 드나든다

도처에 내가 출렁이고 있다

버스킹

때때로 노래는 저 혼자 서식한다
바람과 놀다가 바람을 버린다
노래가 길을 붙잡고 있다 길이 꿈틀거린다
지상의 길이 몰려왔다 흩어진다
새로운 지도를 만들고 있다

그 건너 아득히

어떤 노인 하나 하얀 눈발을 쓰고
계절이 연주하는 악보의 길을 따라
공중 길을 걸어간다
잊혀졌던 길들이 그 뒤를 따라가며
새로운 악보를 만든다

그 주위로 새들이 몰려온다
새들은 공중의 악보를 펼쳐 노래를 시작한다

공중에 노인의 귀가 가득하다

공중이 아주 잘 들린다

허공 다이어트

허공 다이어트라고
들어본 적 있나요?

몸이 시끄러운 날을 골라
그리운 사람을 허공에 그려 보세요

그다음
당신 살결 같은 구름을 올려 보내 보세요
그 구름 위로
당신 핏줄 같은 햇살을 올려 보내 보세요
햇살 위의 허공이 붐비기 시작할 거예요

당신 몸의 생각으로 가득 차
점점 시끄러워지는 허공을 생각해 보세요

그 아래
점점 가벼워지는 당신을 생각해 보세요

사실은 그게 사랑이에요

그림자놀이

내 햇빛을 누군가에게 양도할 수 없듯이
내 그림자를 남에게 양도할 수 없다

스스로의 몸에 거짓을 키우자
무거운 그림자를 가볍게 여기는 거짓
그림자에 날개가 달렸다고 생각하는 거짓

그런 후 내 몸의 모든 거짓을
풍선에 매달아 공중으로 둥둥 띄우자

그러면 무거운 내 그림자와 멀어질 수 있다

멀어진 그림자는 이미 내 것이 아닌 것
희미한 내 그림자 속에
은밀한 남의 그림자를 슬쩍 겹쳐놓자

그림자들이 서로 숨바꼭질하도록 내버려 두자
어떤 몸도 그림자를 간섭할 수 없도록

스스로의 몸에 망각을 키우자

오징어 게임에 나오는 인형의 섬뜩한 눈빛도
그림자의 움직임을 쉽게 예측할 수 없게
착한 그림자를 사납게 여기는 것
달고나처럼
그림자만 보면 입에 침이 고이게 만드는 것

그리하여 어디에도 없던 그림자를 불러내어
그림자꽃이 피었습니다
그림자꽃이 피었습니다
신명나게 그림자놀이를 하는 것

만질 수 없는 몸보다 그림자가 훨씬 재미있다는 것을
잊혀진 몸에게 당당히 선언하는 것

3부

감정의 대륙

누가 저곳을 지나왔을까

한줄기의 강이 아니라
너무나도 변덕스러운 날씨 속에서
날씨가 날씨를 속이고
서로를 속이면서도 속는 줄도 모르고

감정을 왈칵 쏟아버리면 없어질까
장마가 계속되다가 마른장마
감정을 포기하는 것은 어려워
무언가 이어져야 하기에 드넓은 땅

왜 자꾸 저곳으로 모여들까

어떤 구릉을 지날 때 나타난다는 짐승
어찌 보면 사슴 같지만
어찌 보면 사나운 맹수
감정의 크기가 대륙의 크기와 비례하는지

생각해 본 이는 아무도 없어

맹목이 지배하는 이 대륙에서
감정은 맹목을 먹고 자라지
그럴듯한 합리주의는 감정의 숙주
맹목이 꿈틀거리는 곳에서 대륙은
자유로운 춤을 추지

환절기가 요동치던 것도 대륙의 계략이었을까
대륙은 제 몸을 키우기 위해 대륙을 침략한다는 거
감정에 충실한 자들은 그런 걸 사랑이라고 말하지

감정의 섬에 살다가
감정의 반도를 지나
감정의 대륙으로 나아가는 것을 아무도
감정의 제국주의라고 말하지 않지

사랑의 영토는 감정만큼 넓은 거야

대륙의 귀는 점점 커지고,

당나귀 한 마리 주인 없는 끈을 끌고
저 혼자 어떤 문장을 쓰며 걸어가고

그 뒤로 주인처럼 착각이 따라오고,

실패 잔치

오늘은 잔칫날이다
실패해야 할 것들이 너무 많아 기쁜 날이다
누가 왔을까 나의 잔칫날에,
호기심을 아무리 길게 늘여도
낯익은 표정이 보이지 않아서 기쁜 날이다

내가 누군가의 관심을 끌려는 목적은
실패하면 실패할수록 좋다
그럴수록 내 신경줄을 어딘가에 가두어 두려는
누군가의 노력도 실패로 돌아간다
실패는 늘 즐겁다

어릴 때 연날리기를 좋아해서
덩달아 바람이 좋아졌던 기억이 있다
아버지도 나처럼 바람을 좋아했다
실패에 실을 감고
실 끝에 실패로부터 해방되고 싶어 하는 것들을 묶고
아버지와 함께 바람 부는 능선으로 올라갔다

연은 실패를 떠나 거센 바람에
실패에 감겼던 기억을 흉내 내듯 공중을 몇 바퀴 돌다가
전깃줄에 아주 감기거나 나뭇가지에 걸려서
빈 실패만 들고 저녁 언덕을 터덜거리며 내려왔었다

실패는 성공의 어머니라는 말이
연실 같은 것이라는 걸 그때 비로소 알았다
실패에는 잔치라는 말이 딱 어울리는 것이어서
십대를 자주 실패라고 읽었다

내가 시를 쓰게 된 것도
고교 입시에 낙방을 하고 검정고시를 하면서부터이다
그때부터 내 생각에도 실패가 풍성해졌다
진정한 잔치의 기분을 알게 되었다

버뮤다는 범유다

세상의 삼각형은 대개 위험하거나 비밀스럽다
삼각관계 사랑이 그렇고,
고대 피라미드의 비밀스런 내면이 그렇고
버뮤다 삼각지대가 그렇다

그렇다면 그대와 나 사이에 혹은
우리 몸 어딘가에도
위험하거나 비밀스런 삼각형이 있을 것이다

그것을 버뮤다로 통칭한다면
버뮤다는 범유다
범유는 스스로 신비한 섬이다

널리 두루 배운다는 뜻과
뱃놀이를 한다는 뜻을 가진
범유(汎游)가 어째서
위험하거나 비밀스런 삼각형이 될 수 있는지
곰곰이 생각해 봐도

버뮤다는 범유다
널리 두루 배우다가 때로는
뱃놀이를 즐기는 게 인생이라면
나는 내 인생의 한때를
저 기묘한 삼각형 안에 가두고 싶다

아마도 버뮤다 삼각지대를 지나다 실종된 사람들은
지상에서는 느껴보지 못한 순간의 기분을 체득하며
이승과 저승 사이의 뱃놀이를 했을 것이다

다른 사람들은 그들의 일을 사고라고 말하지만
그들은 자신의 일들을 범유로 생각했을 것이다

그러므로 나와 나
그대와 나 사이가 어긋날 때마다 생겨났던
기묘한 삼각형도 모두 범유다

그 섬에 가고 싶다

점심(點心)

선종(禪宗)에서 선승(禪僧)들이 수도를 하다가
시장기가 돌 때 마음에 점을 찍듯
아주 조금 먹는 음식을 가리키는 말을 사전에서는
점심(點心)이라고 부른다지만

생각의 신선한 높이가 나를 부르고
수레며 나팔이며 늘어선 항아리들의 온갖 웅성거림이
조용히 흐르다가 모질게 열광하는 시간을 나는
점심이라고 부른다

마음에 점을 찍는 일이 어찌 음식에 한정될 수 있을까

내가 누군가의 마음에 점을 찍거나
누군가 내 마음에 점을 찍는 시간은
내 생애에서 가장 열정적이고 황홀한 시간이다

그러므로 나는
점심을 아침과 저녁 사이에 한정해 두지 않는다

빗방울이 호수 위에 점을 찍거나
아가의 울음이 탄생의 신비에 점을 찍는
나에게 가장 아름다운 시간은 모두 점심이다

그래서 나는 함부로 점심 약속을 하지 않는다
그리고 그 시간이 스르르 내 곁으로 다가와서
내 옆구리를 콕 찔러주기를 기다린다

그런데 이상한 일은
아침이 지나고 저녁이 되어도 점심은 영영 기별이 없다
옆구리가 허전하다

누군가 나 몰래 내 마음에 점을 찍어놓고
어디론가 사라진 모양이다

점은 내 마음속에서 꿈틀거리며
저 혼자 수많은 꽃을 벙글고 있다

그 꽃의 주인이 궁금하다

아도니스의 정원

우리 집 현관 앞에 옹기종기 놓인 화분들을
나는 아도니스의 정원이라고 부른다

꽃은 종종 거꾸로 핀다, 낙화라고
조그만 화분을 우주 속 신화인 양, 꽃들은 가끔
아프로디테에게 말을 건다
그러다 몇은 말라죽고, 엄동을 초대해 얼어죽는다
죽을 권리가 그들에게는 있다
덩그러니 화분만 남기는 결핍의 멋이 있다

그들은 사냥꾼 기질이 있다
종종 자신을 사냥하기 위해 망각의 겨울을 부른다
그리곤 텅 빈 화분만 남긴다

뒤태만 아프로디테를 닮은 아내는
아도니스의 정원에 물을 잘 주지 않는다
꽃보다 아름다운 망각 때문이다
쪽 창문으로 들어오는 햇빛은 저녁 쪽으로

비스듬히 기울어 망각처럼 아름답다
아도니스의 정원에는 듬성듬성 빈 화분이 있고
결핍의 흙 위에서 꽃보다 먼저 인내심이 자란다

딸내미는 빈 화분에 입속에서 뱉어낸
금귤 씨와 레몬 씨를 심었다
그것들은 딸내미가 못다 한 말처럼 신속히 싹을 틔워
초록의 말들을 뱉어냈다 말들은 밤마다
화분을 뛰쳐나와 아도니스의 정원을 돌아다닌다

이럴 때 화분은 입이다
딸내미의 입에서 나온 말이
화분 입으로 들어가면 꽃이 핀다
이곳에는 날마다 에코페미니즘 축제가 열린다

결핍이 말을 하면 꽃이 되는 이곳을 나는 가끔
생각의 정원이라고 부른다
이곳의 꽃들은 꽃보다 먼저 생각을 키운다

불멍

캠핑은 불멍이 최고라고 아내는 손수
장작더미 한 박스를 준비했다
아이들과 함께 오래간만에 떠난 설매재 휴양림은
시월 중순인데도 이미 서늘한 단풍이 들었다

한 시간 넘어 계절 끝자락에 닿아보니
여기저기 나무들이 먼저 불멍을 때리고 있었다

장작불로 타오르는 무념무상
불처럼 자유로운 것이 또 있을까

생각을 지우면 길이 지워지고
길이 지워지면 저 단풍들처럼
장작이 없이도 불탈 수 있을까

사람들은 단풍이 아름답다고들 하는데
뜨거움 없는 불은 얼마나 아름다울까
이런 엉뚱한 생각 끝에

화로의 불은 뜨거움을 잃고 재가 되어 있다

다시 일으켜 세우는 불 위로 하얀 재가 날린다
한때의 뜨거움이 지불한 타버린 시간 같다
매캐한 연기가 눈물샘을 자극한다
장작이 잉걸불이 되려면 뜨거움의 시간이 더 필요하다

타오르는 장작불 앞에서 불멍을 때리는 일은
사랑의 절정 후에 느끼는 무념무상

한 개 남은 장작을 마저 불화로에 넣으며
언젠가 오지 않아노 쫗을 끝사링을 생각했디

하얀 재만큼 깨끗한 끝사랑은 없다

불멍 이후

아내가 새로 쓴 나의 시 '불멍'을
딸내미에게 읽어준다

엄마 근데
"생각을 지우면 길이 지워지고
길이 지워지면 저 단풍들처럼
장작 없이도 불탈 수 있을까"가 무슨 뜻이야?

딸내미의 갑작스러운 질문에
당황한 아내는 돌연
"아빠한테 물어봐"

폭탄 돌리기가 내 앞에 왔다
"그 시를 왜 딸내미한테 읽어준담"
때아닌 숙제로 난감해진 나에게
딸내미가 한마디 툭 던진다

"아빠 시는 껌이야

자꾸만 질겅질겅 씹어야 돼"

대충 말을 던지면 시가 되는 딸내미는
단번에 아빠 시를 껌으로 만들어
내 코앞에 툭 던져 놓는다

딸내미의 은유적 가르침 아래서

어벙해진 아빠는 불도 없이
또다시 불명을 때리고 있다

절경이 된다는 것

버리고 온 것은 다 절경이지요
등으로 읽어내던 파도 소리
버리고
어쩌다 떠나온 것은 모두 절경이지요

절경은 왜 모두 절벽을 숨기고 있는지
아찔한 순간이 구름처럼 부풀어 오를 때
어디선가 날아드는 날개가 보이나요

절경은 동굴의 언어를 가졌어요
날렵한 것들만 드나들 수 있는
바람의 언어
그 사이로 낯선 어둠이 들면
노을 진 파도는 점점 위험해지지요

절경은 절경끼리 동굴의 언어로 말해요
햇빛을 버리고 수평선을 버려도
끝내 버릴 수 없는 것이 동굴의 언어예요

절벽과 절벽 사이에서 유난히 황홀한 것이
파도 소리예요

동굴에도 낮과 밤이 있어요
동굴은 우주예요
여기선 해를 밤의 무덤
달을 낮의 무덤이라고 불러요

동굴이 절경이 된 것은
두 개의 무덤 때문이에요

두 개의 무덤이 유난히 아름다워
해와 달이 번갈아 뜨고 지는
다도해가 있다는 거 아세요
그곳에 가보면
그곳이 왜 절경인지 알 거예요

갈대가 붓을 들어

갈대가 붓을 들어 폭포를 그리고 있다

그동안 흐르지 못했던 것들이
붓에게 말을 걸어온다
붓의 중심에는 소리가 비어 있고 그 자리를
계절을 잊은 바람이 채우고 있다

사소한 풍경인 줄 알았는데
저런 게 모두 이별의 전언이었을까
곁에서 무심코 흐르던 것이 사랑이었다는 것을
붓 끝을 보고서야 알았다

갈대는 단 한 번의 이별을 위해
바람머리 무성한 붓을 준비해 왔다는 걸
구름은 왜 진작 말해주지 않았을까

아무 준비도 없이 꽃을 보내고 나면
떠나간 꽃의 뒷모습이 눈에 자꾸만 밟혀

꽃 밖에서 너울너울 헛 나비가 날고
이미 꽃이 버린 것들이
한꺼번에 폭포로 떨어져 내리며
미처 꽃이 하지 못한 말을 하기 시작한다

이별은 왈칵 터지는 눈물 같아서
아무에게도 말하지 못한 것들을 단번에 터뜨려
위태롭게 누설하는 버릇이 있다

붓으로 마음에 오래 글썽인 것이
아찔한 폭포가 된다는 걸
내 몸이 캄캄한 먹물이 되고서야 알았다

혼자만의 약속

연못가에서 물속을 가만히 들여다본다
물이 흐려서 물속을 알 수가 없다
그때 갑자기 물 위에 파문이 인다

무슨 약속일까

물속과 물 밖이 내통하는 방식이 저런 것이라면
저것도 일종의 약속을 위한 시그널일 것이다

한때의 마음도 그렇다
파문은 안의 것이든 밖의 것이든
출렁이는 물살의 결을 느끼며
그것 그대로 간절한 한때인 것이다

하지만 누군가 그 시그널을 감지하고 반응하지 않는 한 파문은 저 혼자 둥글게 퍼져 나가다가 이내 사그라든다

아무도 그 파문에 질문하지 않는다
혼자만의 약속이다

물 위로 낙엽이 하나 떨어진다
잉어라도 한 마리 물속에서 올라와
낙엽을 툭, 건드리기라도 해야 할 것 같은데
물속이 조용하다

낙엽은 조용히 혼자 물 위에 떠서
흘러가는 구름을 본다

그러나 낙엽은 혼자만의 약속이 아니라는 듯
꽃처럼 물 위에
온몸으로 물의 지문을 새긴다

꼬리로 말하기

꼬리 잘린 개를 본 적이 있다
저 개는 왜 꼬리가 없을까
생각하기도 전에
꼬리가 사라진 부끄러운 곳이 먼저 눈에 들어왔다

저 부끄러움을 가릴 꼬리가 없어
엉덩이 달이 냄새를 풍길 때
없는 꼬리가 말하기 시작했다

동네 개들이 모여들면
없는 꼬리는 긴장하며 달을 감춘다
하지만 없는 꼬리로는
냄새 풍기는 달을 온전히 감추지는 못한다

그 광경을 물끄러미 바라보던 길가의 수크령이
수북한 털을 세워 흔들흔들
바람의 언어로 말하기 시작했다

꼬리만 남은 자의 주소와
몸뚱이만 남은 자의 인사법을 아는 햇살이
화살노래로 중얼거렸다

없는 몸뚱이와 없는 꼬리가 만나
세상의 모든 없는 것들을 향해
비로소 질문하기 시작했다

없는 곳에 존재하는 온전함과
주체할 수 없는 가벼움을 노래하기 위해
식물과 동물의 경계와 길의 한계를 뛰어넘어
높은 곳으로 두둥실 떠오르는 저 날은
어둠을 적신 꼬리로 무슨 말을 하고 있는지

잠시 달빛이 떨리고 은빛 바람이 불어왔다

저지레

봄이 되면 꽃들은 여기저기
아기가 예쁜 똥을 싸놓듯 저지레를 하고 다닌다

꽃이 피면 불혹을 까마득히 지나버린 내 나이도
오솔길 따라 저지레의 목록을 하나씩 늘려간다

아내는 철없는 남편의 저지레 목록을 들춰보면서
지청구가 한창이다
그럴 때 나는 다소곳 철없는 아기가 된다

나이와 행동은 서로의 계절을 모른다고
회갑이 지나면 새로 한 살이다
꽃샘추위에 잘못 핀 꽃을 꽃봉오리 속으로
다시 밀어 넣을 수 있는 바람이 어디 있을까

꽃샘추위에 핀 꽃들은 위험하다
이럴 때일수록 꽃을 살살 달래어
성질 급한 봄도 착한 봄인 체해야 한다

그런데 우리 집 계절은
찬바람을 앞세워 봄 대신 돌연 늦가을을 밀고 온다
뜻밖의 전략이다
덕분에 봄 들판 여기저기 서리꽃이 화사하다
우리 집 앞치마만 예쁜 계절도 저지레가 한창이다

철없는 아기가 물찌똥 지도를 그려놓고 방실거리듯
저지레는 저지레의 잘못을 모른다

형용사처럼

내 옆을 두리번거렸다
어쩌면 나는 모자일지도 모른다고 생각하고
구름처럼 웃었다

외투는 계절이 따로 있는 것이라고
꽃보다 먼저 깊이 우거진 그늘을 생각했다

어떤 날은
뿌리를 감싸고 있는 흙처럼
마음이 외따로이 푸석해져
모르게 혼자 달아올랐다

북극성에게 북두칠성이 형용사가 아니듯
모든 건 나침반의 문제가 아니었다

허전한 옆이 문제였다

촉의 발달사

아내는 이미 촉이 발달해 있다
촉은 감각이 아니라 언어 쪽으로 열려 있다

선사시대부터 물은 늘 촉으로 말했다
느낌이나 예감으로 중얼거렸다

물풀이 흔들리고 그 사이로 촉이 지나가면
어딘가 희미하게 과녁이 보였다
촉은 맹렬하게 과녁을 향해 나아갔다

촉은 과녁을 향해 떨림으로 말했다
물의 음성은 깊었다
나는 지금껏 선사를 신혼으로 기억한다

아내의 촉은 선사시대로부터 진화했다
그리하여 곧잘 태초의 과녁을 무시한다
과거의 과녁은 없어지고
현대적인 과녁은 아내의 눈빛에서 탄생한다

눈빛이 과녁의 미래를 창조한다

요즘 아내의 촉은 건강 쪽으로 향해 있다
아침이면 햇빛 대신 비타민 유산균 견과류 같은
성좌를 알 수 없는 별들을 한 뭉치 건네준다
비타민 자리 별들이라고 했다

그 별들이 몸속의 어둠을 환하게 밝히리라는 믿음을
아내는 가지고 있다
비타민 자리 별들은 내 눈에는 잘 보이지 않는다

아내의 촉은 날마다 방언처럼 내 귀 근처에서 윙윙거린다
아내는 예민한 촉으로 매일 가족 서사를 쓰는 모양이다
나는 태초의 물풀이 흔들리던 부드러운 촉을 추억하고
선사시대를 지나온 아내의 촉은 가족이 영원한 과녁이다

촉은 종종 부르르 몸을 떤다
비타민 좌를 피해서 어딘가로 달아났던
낡은 과녁이 보이지 않기 때문이다

언캐니 밸리[*]

 계절이 봄도 아닌데 봄꽃을 피우고 있는 그녀, 어느 곳에서도 본 적 없는 불쾌한 골짜기는 그녀를 숨기고 있다 그녀는 늘 불확실의 옷을 입고 거리를 활보한다 그녀는 거울 공주라도 되는 듯이 거리에다 수많은 거울을 흘리며 다닌다 자신의 웃음을 떡처럼 떼어서 거리에 나누어 준다 거리가 점점 풍성해진다 어쩌면 그녀는 합체와 분해를 자유롭게 즐기며 변신을 꿈꾸고 있는 로봇인지도 모른다

 그녀가 거리에 흘린 거울은 수많은 그녀를 낳는다 밤하늘의 별들이 그렇듯이 그녀와 그 옆의 그녀는 쉽게 구분이 되지 않는다 수많은 그녀들은 별처럼 중력을 느낀다 도처에서 자신을 잡아당기는 중력의 실체는 모른 채 스르르 중력에 끌려가기도 한다 그녀의 몸에 섬뜩한 계곡이 있기 때문이다

 계곡은 늘 능선을 가지고 있다 계곡과 능선은 파도 같아서 수시로 출렁인다 그 안에서 꽃이 탄생하고 새소리

가 들린다 그 계곡에는 메아리가 산다 메아리는 거울의 산물이다 실체가 보이지 않는다 여름이 예비해 둔 곳에 가을이 있는 것이 아니다 단풍은 가을이 예비해 둔 것이 아니다

　언캐니 밸리에 가보라, 작년의 가을과 올해의 가을은 닮은 듯 닮지 않았다 오늘의 단풍이 얼마나 붉어질지는 단풍밖에 모른다

---

* 　언캐니 밸리(uncanny valley): 로봇을 만들 때 인간과 비슷하게 만들면 만들수록 호감을 느끼지만, 그것이 일정 수준을 넘어서면 오히려 혐오감이 생기는 것. '불쾌한 골짜기', '섬뜩한 계곡'이라고도 부른다.

4부

못대가리가 되어 잠시

나는 어리둥절하다

저 망치는 언제부터 나에게
적개심을 가지게 되었나

내가 스스로 못대가리임을 자각하는 순간
망치를 두려워하게 되었는지

뾰족한 내 몸이 사정없이 들어가 박히는
저 몸은 누구의 것인지

나는 도대체 정신을 차릴 수가 없다

사랑도 망치의 일종이라는 것을 알고부터
나는 내 몸이 두렵다

색의 거짓말

색이 또 거짓말을 했다
겨울에 개나리가 피고 그 위에 눈이 쌓였다
그때 눈이 개나리에게 무슨 말을 했을까
색을 숨기고 계절을 말하는 몸에 대하여
무슨 설득이 더 필요했을까

색은 안이 있다는 것을 숨기고
겉만 보여주었다
옷은 바꿔 입으면 그뿐일까
옷을 벗은 맨몸은 왜 거짓말을 못 할까

나는 색에게 고백을 했다
몸을 열어 안까지 고백을 했다
바보 같았다

색은 안에서 수많은 색을 토해 냈다
황홀한 거짓말 같았다
나는 그때부터 색의 거짓말을 사랑하게 되었다

색은 안과 밖이 따로 없었다
계절의 조화라고 생각했다

하늘이 물속에 빠져 출렁이는 일이
색의 조화라는 것을
일찍이 물총새는 알고 있었을까
새가 물고기가 되고 물고기가 새가 되는 일도
색의 거짓말이라는 것을
세상의 허기진 것들은 이미 몸으로 터득했을까

색이 거짓말을 할수록 세상은 점점 활기를 띠고
나는 바보처럼 또 색에게 고백을 했다

내 몸의 색을 바깥은 어떤 계절로 설명할 수 있을까

시리야!

딸내미는 심심할 때 아이폰 속 시리와 말놀이를 한다

"너 나이가 몇 살이니?"

"저는 마치 동쪽 바람만큼 나이를 먹었으며,
새로 태어난 애벌레만큼 어리기도 합니다."

"우와~ 시리가 천재 시인이네~"

옆에 있던 아내는 감탄을 연발하며 시가 잘 써지지 않을 때는
시리에게 물어보라고 조언을 한다

신기해서 나도 딸내미와 똑같은 질문을 해 본다
"시리야, 너 몇 살이니?"

"전 어린 생강 조각처럼 팔팔합니다."

나에게는 짧은 대답을 해주는 걸 보니
시리는 내가 시답잖은 시인이라는 걸
이미 눈치챈 모양이다

"시리야 내가 더 시인 같니? 아니면 딸내미가 더 시인 같니?"
새로 태어난 애벌레만도 못한 나의 유치한 질문에
동쪽 바람만큼 창의적인 시리는 또 무슨 시적인 대답으로
나를 놀래킬까?

집현전은 없다

 한때 사람들은 나를 왕이라고 불렀다 나는 교보문고 근처에도 있고 헌책방 근처에도 있다 새것도 아니고 그렇다고 헌것도 아닌 것을 중고라고 부를 수 있을까 나는 부자와 가까울 때가 많지만 가끔 가난 근처를 맴돌 때도 있다 나는 몸이면서 몸이 아니다 주말마다 수많은 이들은 나를 몸에 지니고 상상의 옷을 껴입고 거리를 활보한다 바람이 불면 나는 쉽게 날린다 나는 가끔 수단으로 불리기도 하고 역사로 불리기도 한다 내 이름이 위대하다고 하면서 낙서를 하는 이들의 마음을 나는 모른다

 많은 이들이 나를 좋아한다 그러면서 나를 경멸한다 가볍고 얇기 때문일까 아마도 그럴지도 모른다 나는 누구한테도 잘 넘어간다 그래서 가끔은 포승줄로 묶인다 그러면 위대함은 지워지고 부피만 남는다

 나를 간절히 기다리며 그리워하는 이들이 있다 그런데 나는 그들에게로 가는 길을 모른다 그래서 나는 자주 강남 근처를 맴돌다 길을 잃는다 강남 근처로 가면 나는

무주건 환영받는다 위대함을 벗어버렸기 때문이다 나는 때로 왕이고 왕이 아니다 나는 이미 납작해져 있으므로 백성들도 내 정체를 모른다

　이곳에 집현전은 없다

시인할 수 없는 것들

주위를 둘러보면
시인할 수 없는 것들이 너무 많다

시를 쓰다가 문득 내 머리를 스치는 생각
"시인이 시인할 수 없는 것이 시이다"
브룩스의 역설의 언어 속에는
서로 시인할 수 없는 것들이 와글거리고 있다

내가 나를 시인할 수 없을 때
꽃은 아름답게 피어나 향기를 발산하고
물은 계곡을 굽이쳐 유유히 바다로 간다

아이러니의 힘이다

아이러니가 잉여를 낳고
잉여가 불가항력의 힘을 낳는다

꽃과 새들이 나를

자연의 일부로 선뜻 시인해줄 리 없지만
나는 그동안 자연의 저작권도 인정하지 않고
물과 그림자와 돌멩이를 마음대로 끌어다 써왔다

시인이 시인할 수 없는 시를 쓰면서
시가 시인할 수 없는 것이 시인이라는 것을
뼈아프게 자각한다

나는 이미 시로부터 버림받을 준비가 되어 있다
시의 과즙 속에 들어 있는
달콤한 선악의 비밀을 이미 알았으므로,

내 안의 새

앗, 저 새는 왜 갑자기
서른 쪽으로 날아갈까

나는 지금 마흔을 한참 지나
예순 쪽에 서 있는데

저런 철새는 처음 본다고
누가 내 밖에서 자꾸 수군대는데,

저 새는
서른 쪽을 지나 날아가다가
갑자기 수직으로 급강하하더니

풍덩

출렁이는 남의 나이 속으로 뛰어드는데

치매는 아닐까

누가 내 밖에서 자꾸
내 옆구리를 쿡쿡 찌르는데

그런데 돌연 또
솟아오르면 어쩌나

또 누구의 하늘을 더럽히려고

천방지축
수직과 수평의 나이도 까먹은 저 새는
새장인 내 몸의 나이를
우주만큼 늘여놓고 또

어디로 향하고 있는 것일까

오로라

내가 걸어온 길은 시린 눈길만이 아니었다
그 너머 나를 지켜보던 눈길
꽃의 눈인 듯 바람의 눈인 듯
내 안을 흔들어대다가 어디론가 훌쩍
사라져 버리던 바람

내가 버린 건 발자국만이 아니었다
가뭇없이 허공에 흩날리던 길들
그 정처 없음을 끌어당겨
이불처럼 덮고 떠돌던 구름의 안부를 묻던
빛의 열정은 어디 갔는지

빛으로 황홀을 말할 줄 모르는
그 길로
또 누가 저 혼자 걸어갔는지

온통 빛의 농간이라고만 생각했던
내 몸의 날들이 문득 지워지고

밤새 서럽게 울어대던 빛도 그만 울음을 그쳐

눈길이 다만 눈 내리는 저녁 길이 되어
잘못 찍힌 발자국 하나 홀로 혹한을 넘을 때

문득 나를 흔들어대는 내 안의 빛
겨울과 거울 사이에서 어디론가 사라졌던 저녁을
자꾸만 불러내는, 당신

우주에서 누군가 훌쩍 던져 놓은 황홀한
청록빛 드레스 하나

물이 짖을 때

우리 집 근처에 사는 흰둥이는 덩치는 큰데
짖거나 물려고 하지 않는다
그래서 그런지 길 가던 행인들이 개에게 다가가서
머리를 쓰다듬어 주거나 먹을 것을 주기도 한다

며칠 전부터 개집에 협조문이 나붙었다
"개에게 먹을 것을 주지 마세요 설사 중입니다"
짖지 않는 개는 불안의 실체를 모른다

짖는 개는 물지 않는다는 말이 있지만
개는 짖어야 개다
주관이 뚜렷한 개는 짖는다
자신의 말을 하는 것이다

그런데 어떤 개는 짖지도 않고 있다가
슬그머니 뒤로 와서 아무나 물어버린다
몽둥이가 약이다

동네에 사람이 잘 빠져 죽는다는 웅덩이가 있었다
나는 그 속에 개 모양의 물귀신이 살고 있다고 생각했다
그 물은 가끔 쿨렁거리며 짖곤 했다
그걸 무시하고 물에 들어가면 위험해진다

우리 몸속에도 수많은 물이 돌아다닌다
그러다가 가끔 짖는다
물은 이따금 콧물로 쏟아져 나오거나
설사라는 방법으로 불편한 심기를 드러낸다

물의 경고다
물속에 개가 살고 있다는 것은 루머가 아니다

물이 짖을 때
시도 때도 없이 뜨거워지는 내 몸은
어떤 파르마콘을 위한 신호일까?

얼음의 연대기

얼음에도 역사가 있지
한 번쯤 물이 되고 싶은 역사
구름이 되고 싶은 역사
그리하여 어디론가 끝없이 흘러가
꽃으로 피어나고 싶은 역사

그런데 자신들의 바람처럼 흘러간 역사가
이 땅에 얼마나 있을까

지리산이 4·3이 되고
4·19가 광주가 되는 역사를
누가 함부로 얼음의 연대기에
편입시켜 놓았을까

물이 추위를 이기지 못하면 얼음이 되는 거라고
잘못 알고 있는 자들이 세상에는 의외로 많지
그들은 흐르기를 거부하는 딱딱한 물의 옹고집도
쉽게 녹일 수 있는 꽃의 존재를 모를 거야

꽃의 망치를 두려워하지 않는 얼음은
이미 얼음이 아니야

겨울은 왜 번번이 얼음을 얼리고 오면서도
꽃을 꿈꾸고 있었는지
그것이 역사의 속성이란 걸 아는지

지나온 겨울을 뒤져보면
얼음에도 꽃의 역사가 있지
한 밑쫌은 달콤한 몸이 되어 꽃피고 싶은 역사
그래서 한겨울에 피는 꽃이 있는 거야

얼음 속에 봄의 목소리가 숨어 있다는 건
얼음의 결정이 꽃 모양인 걸 보면 알 수 있지

머나먼 꼭짓점

해안선으로 무언가 드나들고 있다
가까이 보면 그것은 물거품이지만
멀리서 보면 춤이다

춤과 물거품 사이에 새가 날고
물속에 잠겼던 여가 몸을 드러내고
햇빛이 점점 뜨거워진다

해안선에는
차츰 물의 힘으로는 감당할 수 없는 것들이
밀려왔다가 밀려간다

저것을 움직이는 힘은
바다도 육지도 해안선도 아니다
그 힘은 머나먼 꼭짓점에 있다

그 꼭짓점을 자세히 들여다보면
아련한 끈에 매달린 빛의 정령들이 보인다

그 끈은 힘이 세다

꼭짓점 아래에는 수많은 판도라가 있고
그 속에는 온갖 비밀이 숨어 있다

혹자는 그것을 뱀이라고 하고
혹자는 그것을 우주의 상형문자라고 한다

해안선이 끝없이 출렁이는 것은
꼭짓점 아래에 숨어 있는 판도라의 문을 열려는
물의 몸짓 때문이다

수천 년이 지나도 파도의 출렁임이 건재한 것은
그 위에 신비한 꼭짓점이 있기 때문이다

끈의 사춘기

끈은 말뚝을 이기지 못한다
끈은 말뚝을 잡고 빙빙 돈다
끝내 말뚝에 감긴다

이것을 허기의 구심력이라고 해야 하나
호기심의 원심력이라고 해야 하나

끈은 다시 말뚝에서 풀려난다
하지만 말뚝을 뽑지는 못한다

말뚝은 수직의 형식이고
끈은 수평의 형식이다

형식이 다른 것들이 한데 묶여 있다
묶여서 서로를 팽팽히 잡아당긴다

사실 말뚝을 잡고 있는 것은 흙이고
끈을 잡아당기는 것은 뿔이다

뿔보다 흙이 힘이 세다

호더스증후군*

내 위에 내가 쌓인다
내가 쌓여서
나 아닌 것이 된다

나 아닌 것에 나를
자꾸 덧칠한다
나는 점점 작아지고
나 아닌 것은 점점 커진다

누가 나를 자꾸 저장하고 있다
내 위에
나 아닌 것을 자꾸 쌓아
나는 푹푹 썩는다

누구는 나를 에너지로 읽고
누구는 나를 풍경으로 읽는다
내 정체는 점점 모호해진다
끝내 엉뚱한 별명만 남았다

나의 별명은 푸른 별
푸른 것들이 점점 붉어져

끝내 울음이 되고 있다

* 저장 강박증.

온전한 반쪽

온전한 것을 꿈꾸다 보면 반쪽은 너무 작거나
허전하게 느껴진다
그래서 온전하지 못한 반쪽은 늘
다른 반쪽을 찾아 헤맨다

처음부터 반쪽이었던 것은 없다
간혹 반쪽 같이 보이는 반달도 반쪽은 아니다
세상의 반쪽들도 어딘가에는 분명히
또 다른 반쪽이 있다

부부는 서로 반쪽인가
그렇다면 과부나 홀아비는 결핍인가
아마 그렇지 않을 것이다

반쪽은 넓다 어떤 때는 온전한 것보다도 넓다
그것이 꽉 찬 것인지 비어 있는 것인지는 모르지만
반쪽은 운신의 폭이 넓다
반쪽은 비어 있으므로 상상력이 넓다

나는 시를 쓸 때 반쪽이 된다
온전한 것들을 버리고 반쪽이 된다
반쪽이 되어 또 다른 반쪽을 생각한다

나의 반쪽은 너무나 많고 너무나 적다
그래서 반쪽은 스스로가 텐션이다

숫자를 넘어선 곳에 내 온전한 반쪽이 있다
온전한 것보다 더 온전한 것은
반쪽의 내면을 변화시키는 사랑이다

안녕, 눈사람

겨울의 한복판에
너를 세워두고
그냥 왔다

네 눈물이 글썽이며 자꾸
흘러내릴까 봐
울음이 점점 커져 강물이 될까 봐

어쩌면 네 눈물이 점점 뜨거워져
겨울마저
몽땅 녹여버릴 것 같아서

그냥 왔다
겨울 한복판에
나를 세워두고

천국보다 낯선*

안개에서 꽃을 떼어내니
안개만 남았다

안개 속으로
누군가 떠나갔다
여백만 남았다

낯익은 발자국 소리가 멀어지면
뿌연 안개도 곧 사라질 것이다

그러면
안개 밖으로 나와서
더 또렷해질
내가 보일 것이다

---

* 짐 자무쉬 감독의 흑백 단편영화 〈천국보다 낯선(Stranger Than Paradise)〉
은 페이드 인, 페이드 아웃이 많이 사용된 작품이라고 한다.

| 해설 |

아토포스, 혹은 무위의 시학

고봉준(문학평론가)

내가 너에게 가기까지가 시간이다
너는 감자, 어쩌다 무지개
그러다 바람, 이럴 땐 적당히 꽃이라고 해두자

네가 나를 규정하지 않았으므로
나는 나를 모른다
그러므로 네가 내게 오기까지가 시간이다

나는 날마다 너를 찾아 시간 여행을 떠난다

나는 여행을 떠나면서 누군지도 모르는 너에게
소크라테스를 사랑하는 자들이
소크라테스에게 붙여준 이름을 붙여준다

아토포스.
아마도 이것은 너의 이름이 아닐지도 모른다
내가 너에게 가는 길을 알지 못하므로,

도처에 길이 너무 많다
아무 길이나 들어서서 너를 찾다가
깜박, 나를 잊는다

시간 여행을 하면 할수록
시간의 한가운데가 비어 있다는 걸 알았다
그 안에
생각이 없어서 아름다운 것들이 있다는 것도 알았다

빈 것이 아름다운 것이라는 진리가 나를 깨웠다
빈 꽃병이 꽃을 유혹하듯
그 빈자리가 너를 꽃피게 했다는 걸 알았다
─「어쩌다 시간 여행」 전문

시인은 지금 이동/여행 중이다. 이것은 여름철의 휴가 같은 일상적 여행이 아니라 시인의 세계 전체를 이끌고 움직이는 존재론적인 여행이다. 그는 어디로 가고 있는 것일까? 이 질문에 대한 시인의 대답이 바로 '아토포스(atopos)'

이다. 아토포스는 '장소'를 뜻하는 그리스어 토포스(topos)에 '부정'을 의미하는 접두사 a가 붙어서 만들어진 단어이다. 프랑스의 철학자 롤랑 바르트는 『사랑의 단상』에서 아토포스를 "사랑하는 사람은 사랑의 대상을 '아토포스'(소크라테스의 대화자들이 소크라테스에게 부여한 명칭)로 인지한다. 이 말은 예측할 수 없는, 끊임없는 독창성으로 인해 분류될 수 없다는 뜻이다."라고 설명했다. 이 설명에 따르면 누군가를 사랑하는 사람에게 사랑의 대상은 '아토포스'이고, 이때 그것은 예측할 수 없는 것, 독창성으로 인해 분류할 수 없는 것을 의미한다. 요컨대 아토포스는 특정한 장소에 고정되지 않고, 고정되지 않으므로 정체를 파악할 수 없는 것이다. 바르트는 소크라테스의 대화자들이 그를 아토포스라고 불렀다는 사실에 주목한다. 그들에게 소크라테스는 특정한 장소에 머물지 않아 정체를 알 수 없는 인물이었던 듯하다. 토포스(topos)는 문학에서 반복되는 몇 개의 모티프(motif)를 지칭하는 개념으로 쓰이기도 한다. 이때 토포스는 상투적으로 반복되는 고정되고 진부한 것을 뜻하며, 그것의 부정으로서의 아토포스는 문학적인 상투성을 벗어나는 독창성의 동의어가 된다. 여기에서 a(부정)는 단순한 결핍/결여가 아니라 가능성의 기호이다.

인용시를 보자. 화자는 '아토포스'를 '너'를 향한 '시간 여행'으로 규정한다. 그런데 이 여행에는 기간, 즉 '시간'이 전제되어 있지 않다. 시간에 관한 두 개의 진술("내가 너에게 가기까지가 시간이다"와 "네가 내게 오기까지가 시간이다")에서 알 수 있듯이 '너'를 향한 여행은 영원히 지속될 운명이다. 왜냐하면 "나는 날마다 너를 찾아 시간 여행을 떠"나지만 정작 '너'가 누군지도 모르기 때문이다. 화자의 여행에서 대상의 불확실성은 대상의 부재를 뜻한다. '아토포스'의 여행은 부재하는 대상을 향한 여행이고 그것은 불가능한 여행이다. 이 대상 부재의 문제를 해결하기 위해 화자는 '감자', '무지개', '바람', '꽃' 등의 명사를 동원한다. 하지만 그것들은 '이름=정체'가 아니라 대상의 부재/공백이라는 난제를 모면하기 위해 화자가 '적당히' 둘러댄 임시적인 기호일 따름이다. 따라서 '아토포스'를 향한 여행이라는 표현은 형용모순이다. '아토포스' 자체가 발화할 수는 있으나 어떤 것도 지시하지 않기 때문이다. 그것은 아무것도 지시하지 않는 지시어이다. "아마도 이것은 너의 이름이 아닐지도 모른다"라는 진술처럼 화자 역시 이 불가해한 사태를 직시하고 있다. 이 시의 제목에 '어쩌다'라는 부사가 포함된 이유도 이 때문이다. 그런데 여행의 불가능성이 곧 물리적으로 여행을 할 수 없다는 의미는 아니다.

통상적으로 여행은 되돌아옴을 약속하고 시작되며, 거기에는 이미-항상 일정한 방향(장소)이 전제된다. 통상적으로 우리는 방향(장소)이 없는 여행을 '여행'이라고 말하지 않는다. 불가능성으로서의 여행은 이와 반대이다. 그것은 되돌아온다는 약속 없이 시작되는 여행이고, 이미-항상 일정한 방향을 전제하지 않고 떠나는 여행이다. 이 불가능성으로서의 여행은 우연성을 긍정하는 것, 나아가 우발성에 자신을 개방하는 행위이다. 이 우연성의 사건 안에서 'a'는 결핍이 아니라 가능성의 기호이다. 화자는 이러한 가능성을 "도처에 길이 너무 많다"라고 표현한다. 가능성 안에서 많다는 것은 없다는 것과 동일한 의미이다. 그것은 사전에 정해진 방향(장소)을 벗어난다는 점에서 '많음'을 의미할 수 있지만, 기존의 질서에 반(反)하여 새롭게 개척해야 한다는 점에서 '적음'을 의미할 수도 있다. 박남희의 시에서 아토포스는 이처럼 '장소'에서 벗어나 '비(非)장소'를 향해 나아가려는, 그럼으로써 우연을 긍정하고 미지의 세상을 향해 자신을 개방하려는 결단의 산물이다.

> 동물성에 섞이는 식물성을 야채라고 불러볼까
> 평소에 야채들은 조용하지만
> 그 조용함 속에 분주한 소란이 들어 있어
> 소란이 동물성을 끌어당기는 순간
> 상추에 싸인 삼겹살처럼 소리가 감미로워지지
> 야채들이 종종 양배추처럼 두꺼워지거나
> 깻잎처럼 독특한 냄새를 갖게 되는 건
> 어딘가 마음이 불편하기 때문이지
> 그러므로 야채들에게도 휴식이 필요해
> 하지만 야채의 마음은 야채만이 알 수 있어

세상의 동물들은 살아있는 동안 끝없이 꿈틀대다가
식물성에 섞이는 순간 순해지지
그런 걸 동물들은 야채의 시간이라고 불러
마블링을 자랑하던 한우가 상추를 만나는 시간 같은 거지
그 시간은 다른 누군가에겐 입에서 침이 고이는 시간이지
야채의 시간의 묘미는 동물성과 식물성이 섞인다는 데 있어
동물성이 식물성을 접하고 식물성이 동물성을 탐하는
야채의 시간에는 방이 필요하지
침이 무언가를 변화시키고 있는 방은 늘 달콤해
이럴 때 야채들은 자신의 몸에 동물성을 입혀줄
무끈한 소의 울음을 찾게 되지
비로소 야성의 채소가 되새김질을 알게 된 거지
세상의 도처에는 반추하는 위가 있어서
푸르고 싱싱하던 것들에게 잃었던 워낭 소리를 돌려주지
이제 비로소 식물성에 섞이는 동물성도 야채라고 부를 수 있어
말하자면 동충하초 같은 것이지
산자락에서 무심코 발견한 동충하초를 가만히 살펴보면
그 안에서 야채가 자란 흔적이 보이지
그러므로 야채의 시간은 동물도 식물도 아닌
그 어떤 시간이야
언제인지도 모를 시간 속을 꿈틀거리다 끝내
한 뿌리의 혀로 남아있는,

― 「야채의 시간」 전문

  장소(topos)의 부재는 두 가지로 해석할 수 있다. 하나는 회복의 관점이다. 이 경우 장소는 찾아지거나 회복되어야 한다. 이러한 장소의 사유는 인간과 사물의 존립 근거로 여겨지며, 이때 그것은 여행보다는 친밀한 세계에 거주하는 것과 밀접한 관계를 형성한다. 다른 하나는 가능성의 관점이다. 앞에서 살폈듯이 이것은 부재를 가능성의 관점에서 해석하는 것이다. "본래 땅 위에는 길이 없었다. 걸어가는 사람이 많아지면 그게 곧 길이 되는 것이다."라는 루쉰의 말처럼 정해진 길이 없다는 것은 모든 것이 길이 될 수 있다는 의미이기도 하다. 리좀(Rhizome)이라는 철학적 개념이 가리키는 방향도 이것이다. 이 경우 '아토포스'는 기존의 분할에 얽매이지 않고 그 경계를 횡단하는 생성-운동이고, 이 운동 안에서 고정된 것, 즉 정체성의 논리는 비판된다. 따라서 아토포스에 대한 긍정적 해석은 결국 기존의 경계와 분할에서 벗어남으로써 새로운 가능성을 모색하는 사유라고 말할 수 있으며, 이러한 탈(脫)정체 지향이야말로 박남희의 이번 시집이 새롭게 보여주는 시적 특징이다. 이 시에 등장하는 '야채의 시간'은 식물성과 동물성이라는 기존의 분할을 횡단한다는 점에서 아토포스의 시적 이미지라고 말할 수 있다.

  이 시는 '동물성'과 '식물성'이라는 일반적인 분할에서 시작된다. 시인은 삼겹살이나 쇠고기 같은 육류를 섭취할 때 채소를 곁들이는 일상적인 경험에서 동물성과 식물성의 결합이라는 시상을 얻은 듯하다. "야채의 시간의 묘미는 동물성과 식물성이 섞인다는 데 있"다는 진술이 그것이다. 하지만 이 작품의 의미는 '동충하초'라는 대상을 통해 동물성과 식물성의 결합을 사유하는 장면에 집중되어 있다. 알다시피 '동충하초'는 벌레나 곤충을 숙주로 삼는 기생 버섯의 일종으로서 그 명칭에 이미 동물성(蟲)과 식물성(草)을 함께 포함하고 있다. 이 명칭은 겨울에 곤충의 몸에 기생하다가 여름에 풀처럼 나타난다는 데서 유래했는데, 엄밀히 말하면 동충하초는 동물이나 식물이 아니라 균류이다. 하지만 명칭으로 인해 종종 동물성과 식물성이 모두 포함된, 그래서 "동물도 식물도 아닌/그 어떤 시간"으로 인식되기도 한다. 이 "그 어떤 시간"을 공간적으로 표현하면 헤테로토피아(heterotopia), 즉 '다른(heteros)' '장소(topia)'라고 말할 수 있다. 바르트의 아토포스(atopos)가 동일자의 언어로 포착되지 않는 장소 없는 존재를 의미한다면, 푸코의 헤테로토피아(heterotopia)는 현실에 존재하면서도 정상적인 질서를 벗어난 저항적 장소라고 말할 수 있다. 「야채의 시간」에서 '동충하초'로 표상되는 혼종적 존재는 동일자의 언어로 포착되지 않으면서도 현실에 존재한다는 점에서 흥미로운 존재라고 말할 수 있다.

아토포스와 헤테로토피아의 공통점은 정체성의 논리에

반(反)한다는 것이다. 알다시피 정체성(identity)은 변하지 않는 것에 가치를 부여하는 대표적인 토포스(topos)의 사유이다. 그것은 망각보다는 기억을, 개방된 미래보다는 닫힌 과거, 즉 출생에서 더 많은 의미를 찾는다. 또한 그것은 둘 가운데 하나, 특히 배타적인 하나를 선호하며, 표면적인 차이, 즉 다름에 민감하게 반응한다. 철학자 질 들뢰즈는 하나의 선택은 언제나 그것이 배제시키는 것의 관점에서 정의된다고 말한 적이 있는데, 이것은 정체성의 논리가 변화로서의 운동을 고정적인 관점에서 이해함으로써 한 존재의 잠재성을 부정하는 것을 비판한 것으로 이해할 수 있다. 세계에 대한 개인의 주관적 해석에서 시작된 서정시가 이러한 정체성의 논리로 자주 귀결되는 것은 어쩌면 불가피한 일인지도 모른다. 하지만 이번 시집에서 박남희 시인은 찾거나 지키려는 방향이 아니라 그 '하나'의 논리에서 벗어나 모든 것을 다양체로 받아들이려는 태도를 보여주고 있다.

가령 시인이 "광주는 숲, 광주는 죄루란, 광주는 사랑하는 내 친구, 광주는 아무도 손댈 수 없는 그냥 광주"라고 말할 때 '광주'는 다양체, 즉 하나가 아니라 그 안에 다양한 얼굴을 지닌 대상이 되고, "제 몸을 부수려는 욕망이 숨어 있다/부서진 유리는 천 개의 눈을 갖는다"(「유리창의 심리학」)라고 말할 때 '유리'는 "관습의 오랜 잠을 깨우고 싶은" 해방의 이미지가 된다. 대상을 단일한 본질이 아니라 잠재성으로서 이해하는 것, 대상을 고정된 상태가 아니라 변화의 과정으로 인식하려는 것이야말로 대표적으로 반(反)정체성 사유이다. 이런 관점에서 보면 자연 세계의 변화를 '옷'을 입고 벗는 과정으로 형상화한 「룩북」은 흥미로운 발견이다. 룩북(lookbook)은 패션 관련 제품에 대한 정보를 담은 책자이다. 이 시에서 시인은 자연의 변화를 '옷'을 입고 벗는 과정으로 이해한다. 시간과 계절의 변화, 누에가 고치에서 나와 나비가 되는 과정, 심지어 시냇물이 강물을 거쳐 바다에 이르는 과정까지, 이 모든 것을 시인은 옷을 입고 벗는 것으로 간주한다. 그리고 이 과정은 "나를 잊은 그대가 아주 잊혀져/붉은 단풍이 제 몸의 흔적을 지우며 떨어져 내려/구르고 구르다가/얇디얇은 바람의 옷을 입을 때까지" 지속된다. 이러한 사유에서 만물은 지속적으로 변화하며, 그 변화는 '기억'이 아니라 '망각'의 힘에서 나온다. 정체성은 기억의 산물이다. 철학자 니체가 기억이 아닌 망각 능력을 중요시한 까닭도 그것이 새로운 삶을 가능하게 하는 원동력이라고 생각했기 때문이다. 이런 점에서 "기르는 것이 아니다/자유롭게 날려 보내는 것이다/그리고 잊는 것이다"(「둥지」)라는 진술에서의 망각 역시 하나의 능력이라고 말할 수 있다.

매달리는 것이다
그리고 떼어내는 것이다

흔적만 남는 것이다
잊는 것이다

태어난 날은 하루가 아니다
꽃나무는 수없이 많은 꽃을 벙근다
어느 날을 꽃의 생일이라고 말할 수 있을까

생일을 생각하는 꽃은 생일을 버린다
그리고 툭,
뛰어내릴 준비를 한다
뛰어내리는 것도 생일의 신호이다

뛰어내릴 때마다 새것이 태어난다
붙어 있던 곳과 떨어져 내린 곳이
서로를 바라보고 까닭없이 웃는다
생일의 의미를 아는 모양이다

생일은,
나를 잊는 것이다
꽃의 흔적만 남는 것이다
그리고 바람을 떼어내는 것이다
허공에 매달리는 것이다

그리고 다시 어디론가 뛰어내리는 것이다
― 「생일」 전문

'생일'은 정체성의 중요한 요소이다. 개인이든 집단이든 태어난 날짜, 즉 생일에 집착하는 이유는 그것이 갖는 규정력 때문이다. 자신의 어머니와 결혼한 오이디푸스의 비극적 운명이 보여주듯이 정체성의 논리는 오직 하나만을 긍정한다. 따라서 정체성의 논리에서 생일 또한 하나일 수밖에 없다. 생일이 둘 이상이라는 것은 정체성이 다수라는 의미이기 때문이다. 그런데 이 시에서 화자는 '생일'을 복수적인 것으로 인식한다. 이러한 생일의 복수성이 꽃나무에 "수없이 많은 꽃"이 피었다는 사실에 의해 뒷받침되는 것은 아니다. "뛰어내릴 때마다 새것이 태어난다"라는 진술처럼 각각의 '꽃'은 이 복수성을 반복한다. 이것이 바로 '꽃'의 이치이다. "뛰어내릴 때마다 새것이 태어난다"라는 것은 소멸과 탄생이 반복된다는 것, 죽음이 단순한 소멸이 아니라 새로운 창조로 이어진다는 인식을 함축하고 있다. 꽃나무는 하나이지만 언제나 '꽃'은 다수이다. 그것은 한날한시에 피지 않고 시차(時差)를 두고 피며, 떨어진 곳에서 새로운 생명이 움튼다. 이 자연의 순환 속에서 떨어지는 것은 슬픈 사건이 아니다. 시인은 이러한 '꽃'의 속성을 활용해 "생일은,/나를 잊는 것이다"라는 진술을 제시한다. 인간에게 생일은 정체성의 중요한 요소이고, 그것은 항상 기억해야 하는 것이다. 반면 시인의 새로운 인식에서 '꽃'에게 '생일'은 자신을 잊어버리고 '흔적'만 남는 것이다. 시인의 상상력 속에서 '생일'은 우리가 상식적으로 이해하고 있던 것, 특히 정체성의 원리에서 벗어나 새로운 가치를 획득한다. 이제 익숙한 관념과 결별함으로써 자신을 미지의 세계를 향해 개방한다.

> 내 옆을 두리번거렸다
> 어쩌면 나는 모자일지도 모른다고 생각하고
> 구름처럼 웃었다
>
> 외투는 계절이 따로 있는 것이라고
> 꽃보다 먼저 깊이 우거진 그늘을 생각했다
>
> 어떤 날은
> 뿌리를 감싸고 있는 흙처럼
> 마음이 외따로이 푸석해져
> 모르게 혼자 달아올랐다
>
> 북극성에게 북두칠성이 형용사가 아니듯
> 모든 건 나침반의 문제가 아니었다
>
> 허전한 옆이 문제였다

— 「형용사처럼」 전문

　정체성은 본질주의의 산물이다. 우리의 사유와 감각이 '본질'에 대한 집착에서 자유로워질 때 이웃 관계가 중요해진다. 이웃 관계란 '나'가 세계의 전부가 아니라는 인식 이후에야 가능하기 때문이다. '본질'이 타자와의 관계와 무관한 것이라면, '이웃 관계'는 '나'가 특정한 관계의 산물이라는 생각에 근거한다. 그 관계가 바뀌면 삶, 즉 '나'도 바뀐다. 도입부에서 시인은 자신이 '모자'일지도 모른다고 생각한다. 2연에서 그는 자신이 '외투'라고 생각한다. 여기에서 '모자'와 '외투'는 시인 자신, 즉 그의 신체와 관계가 있는 것이면서 시인 자신은 아닌 것들의 표상이다. 그것들은 "내 옆을 두리번거렸다"라는 표현에서의 '옆'과 유사하게 '나'와 관계 맺고 있는 것들이라고 이해할 수 있다. 이처럼 시인은 인간이 인간 혹은 사물과 관계를 맺고 살아가는 상태를 신체와 모자(혹은 외투)의 관계로 인식한다. 시의 제목에 등장하는 '형용사'란 이 관계에서 '나'와 특정한 방식으로 얽혀 있는 대상(또는 상대)을 가리킨다. 이 관계에 따르면 '나'는 자연스럽게 '명사'의 위상을 갖게 될 것이다. 그렇다면 3연에 등장하는 '뿌리'와 '흙'의 관계는 어떨까? '흙'이 '뿌리'를 감싸고 있다는 점에서 하나의 관계, 궁극적으로 '명사-형용사'의 관계라고 말할 수 있을 듯하다. 이러한 상상력이 4연의 '북극성'과 '북두칠성'의 관계에도 그대로 적용될 수 있는 것일까? 이 질문에 대해 시인은 아니라고 대답한다.

북극성과 북두칠성은 우리에게 가장 친숙한 별(자리)이다. 북두칠성은 북쪽 하늘에 위치한 일곱 개의 별로 이루어진 국자 모양의 별자리이다. 정교한 나침반이 등장하기 이전 선원들은 천상의 별자리에 의존하여 바다를 항해했는데, 당시 북두칠성과 북극성은 암흑의 바다 위에서 방향을 알려주는 가장 중요한 길잡이였다. "별이 빛나는 창공을 보고 갈 수가 있고 또 가야만 하는 길의 지도를 읽을 수 있었던 시대는 얼마나 행복했었던가?"라는 루카치의 탄식은 이런 경험의 산물이다. 이 시의 4연에 '나침반'이 등장하는 이유도 여기에서 비롯된 것이다. 가장 밝은 별 가운데 하나로 평가되는 북극성 역시 고대부터 바다를 항해하거나 미지의 땅을 여행할 때 중요한 길잡이였다. 특히 북반구에서는 북극성을 찾으면 북쪽을 쉽게 찾을 수 있어 여행자들에게는 북극성을 찾는 능력이 중요했다. 북극성은 북두칠성의 국자 머리 부분의 두 별 사이에 가상의 선을 그은 다음 국자의 위쪽으로 몇 배 연장하면 손쉽게 찾을 수 있다. 시인은 가까운 거리인 이 별들의 관계가 '명사-형용사'의 관계가 아니라고 주장하는데, 이것은 '명사-형용사'가 이웃 관계의 문제이기는 하나 물리적인 '거리'의 문제는 아니라는 뜻으로 읽힌다.

이러한 상상력은 결국 '옆'이라는 기호에 대한 사유로 확장된다. "허전한 옆이 문제였다"라는 진술이 그것이다. '옆'이란 무엇일까? '허전함'의 문제라는 점에서 그것이 물리적인 '거리'로 설명되지 않는다는 사실은 쉽게 짐작할 수 있다. 이 시에서 시인의 의도가 '명사-형용사'의 관계와 '나-옆'의 관계를 동일시하는 데 있는 것 같지는 않다. 오히려 이들 두 관계는 유비적인 성격이어서 '명사-형용사'가 관계를 형성하듯이 시인 또한 '나-옆'의 관계를 형성한다는, 혹은 형성하기를 원한다는 의미를 담고 있는 듯하다. 이 '옆'과의 관계를 무엇이라고 부르면 좋을까?

저녁에게는 말을 아끼자 그 대신 빛을 풀어놓자 내 안에 꽁꽁 묶여 있던 빛, 어둠이라고 말을 할 수도 없고 달이나 해를 떠올릴 수도 없는, 어떤 말의 모습을 한 저녁에게는 넓은 백지를 하나 던져주자 그러면 백지의 옷을 입고 수많은 빛을 퉁겨내겠지 퉁겨낸 빛이 어떤 말을 하겠지

저녁에게는 한 번쯤 울어주자 그 대신 사소한 질문은 하지 말자 저녁이 저녁답게 어두워지도록 그냥 내버려 두자 저녁을 향해 뒷산의 갈대들을 조금씩 흔들어주자 갈대를 흔들어 붉게 충혈된 산자락의 눈시울을 달래주자

저녁에게는 한밤중이나 새벽을 물어보지 말자 새벽이 감추어둔 것들의 일기장을 궁금해하지 말자 저녁 하늘을 날

아갈 새들의 행방을 미리 예측하지 말자 저녁이 그냥 저녁의 보폭으로 은은하게 걸어갈 수 있도록 하늘에 징검다리 별빛 몇 개 놓아두자

  그리고 세상의 모든 불빛에게 스스럼없이 제 몸을 내어주는 저녁에게는 더 이상 도처에서 깜박이는 불빛의 주소를 묻지 말자 그 불빛들이 무슨 말을 하려는지 궁금해하지 말자

-「저녁에게는」 전문

이 시는 시적 대상에 대한 시인의 태도가 명확히 드러나는 작품이다. 만일 이번 시집의 특징을 가장 잘 보여주는 작품을 1편 선택한다면 바로「저녁에게는」일 것이다. 글을 시작하면서 우리는 서정시가 세계를 주관적으로 해석하려는 의지에서 시작되었다고 말했다. 시인들은 지금까지 다양한 비유 체계를 통해, 감정적 전이를 통해, 그리고 지적 재구성을 통해 세계를 해석하는 개성적인 방식을 창조해 왔다. 이 다양한 차이에도 불구하고 그것들은 시인을 주체로 설정하고 주체의 목소리를 강조했다는 공통점을 지닌다. 이미-항상 시는 듣는 방식이 아니라 말하는 방식으로 이해되었다. 그런데 이러한 '말'은 대개 특정한 방향(topos)을 전제한다. 만일 아토포스(atopos)를 장소 없음이라고 말할 수 있다면, 이때 시인의 '말'은 장소를 전제하

고 있는 '말'과 다를 수밖에 없다. '장소-있음'의 말과 '장소 없음'의 말은 '말'이라는 동일한 기호로 표시되지만 그것은 본질적으로 다르다. 전자의 말이 '시인-주체'의 전유물이라면, 후자의 말은 '주체'로 회수되지 않는 말이기 때문이다. 그것은 말하는 방식으로서의 말보다는 듣는 방식으로서의 말에 가까운데, 이 듣기 방식으로서의 말이라는 사태 안에서 발화 행위의 주체는 시인이지만 발화 주체는 시인이 아니기 때문이다. 우리는 이러한 말을 가리켜 타자의 언어 또는 바깥의 언어라고 명명해 왔다. 이 시에서 시적 대상에 대한 시인의 태도도 이와 유사하다.

'저녁'이라는 시간 앞에서 시인은 '말'을 하는 대신 '빛'을 풀어놓으려 한다. '말'이 발화 주체의 의지나 의도를 담고 있는 언어-기호라면, '빛'은 "어둠이라고 말을 할 수도 없고 달이나 해를 떠올릴 수도 없"다는 점에서 비표상적인 기호이다. 물론 여기에서 시인이 일방적으로 '저녁'의 말을 듣는 수동적인 존재는 아니다. "그러면 백지의 옷을 입고 수많은 빛을 퉁겨내겠지"라는 진술처럼 시인과 '저녁'은 무언가를 주고받는 관계이다. 여기에서 주고받는 것이 '말'이 아니며, '저녁'이 표상적인 기호가 아닌 "어떤 말"을 시인에게 되돌려준다는 점이 중요하다. 1연의 화자가 '말'을 아끼는 대신 '빛'을 풀어놓았다면, 2연의 화자는 '저녁' 앞에서 '질문' 대신 '울음'을 운다. '울음'은 하나의 행위이지만 "저녁이 저녁답게 어두워지도록 그냥 내버려 두자"라는 진술처럼 그것은 대상의 변화를 의도하는 행위가 아니다. '저녁'에 대한 시인의 이러한 태도는 시적 대상에 자신의 감정이나 의지를 투사하는, 세계를 온통 자신의 감정으로 해석하기를 선호한 서정시의 관습과는 사뭇 다른 것이다. 이런 시인의 태도는 3연에서 시간의 질서 전체로 확장된다. "저녁에게는 한밤중이나 새벽을 물어보지 말자"라는 것은 시간의 흐름을 예측하지 말자는 의미이다. 이것은 "저녁 하늘을 날아갈 새들의 행방을 예측하지 말자"라는 진술과 일맥상통한다. '시간'의 흐름과 '새'의 움직임에 대해 예측하지 않겠다는 것은 그것들이 '나'의 세계 바깥에 존재하는 타자라는 인식의 산물이며, 그 존재들을 위해 "별빛 몇 개 놓아두자"라는 것은 타자를 자아화하려는 욕망에서 벗어나겠다는 의미이다. 이러한 욕망을 집약한 진술이 바로 "그 불빛들이 무슨 말을 하려는지 궁금해하지 말자"라는 것이다. 시인은 '불빛들'의 '말'을 인간의 언어로 번역하려 하지 않는다. 바꿔 말하면 시적 대상에 인간, 즉 자신의 감정을 덧칠하지 않겠다는 것이다. 이러한 시인의 태도를 '타자'나 '윤리'라는 말로 설명하는 일은 어렵지 않다. 하지만 더욱 중요한 것은 시적 대상과의 이 관계 속에서 비로소 세계가 우리가 예측하지 못한 "어떤 말"을 한다는 사실이다. 이 말의 의미나 내용은 예측할 수 없다. 다만 미지의 세계를 향해 자신을 열어놓은 존재로서의 시인은 세계와의 예측할 수 없는 대화에 참여하는 존재이고, 세계의 말에 귀를 기울이기 위해 침묵할 줄 아는 존재일 것이다. 이런 점에서 아토포스(atopos)는 무위(無爲)의 시학이라고 말할 수 있지 않을까.

시인수첩 시인선 078
어쩌다 시간 여행

ⓒ 박남희, 2023

초판 1쇄 인쇄 2023년 10월 27일
초판 1쇄 발행 2023년 11월 2일

지은이 | 박남희
발행인 | 이인철

펴낸곳 | (주)여우난골
주   소 | 서울특별시 강남구 언주로30길 27. 606호 (도곡동 우성리빙텔)
전   화 | 02-572-9898
팩   스 | 0504-981-9898
등   록 | 2020년 11월 19일 제2020-000328호

블로그 | blog.naver.com/seenote
이메일 | seenote@naver.com

ISBN 979-11-92651-17-0 03810

* 파본은 구매처에서 바꾸어 드립니다.

* 이 시집은 한국문화예술위원회의 2023년도 아르코 문학창작기금 지원사업에 선정되어 발간되었습니다.